BILBO
JEUNESSE

Gilles Tibo

Illustrateur depuis plus de vingt ans, Gilles Tibo est reconnu pour ses superbes albums, dont ceux de la série *Simon*. Enthousiasmé par l'aventure de l'écriture, il a créé d'autres personnages. Il s'est laissé charmer par ces nouveaux héros qui prenaient vie, page après page. Les aventures de Noémie se poursuivent… pour notre plus grand bonheur.

Louise-Andrée Laliberté

Quand elle était petite, pour s'amuser, Louise-Andrée Laliberté inventait toutes sortes d'histoires qui faisaient vivre les images. Maintenant qu'elle a grandi, elle dessine des images qui nous racontent des histoires. Louise-Andrée crée avec bonne humeur des images, des décors ou des costumes pour les musées et les compagnies de publicité ou de théâtre. Tant au Canada qu'aux États-Unis, ses illustrations ajoutent de la vie aux livres spécialisés et de la couleur aux ouvrages scolaires ou littéraires. Elle illustre pour vous la série Noémie.

Série Noémie

Noémie a sept ans et trois quarts. Avec Madame Lumbago, sa vieille gardienne qui est aussi sa voisine et sa complice, elle apprend à grandir. Lors d'événements pleins de rebondissements et de mille péripéties, elle découvre la tendresse, la complicité, l'amitié. Coup de cœur garanti!

Noémie

La Nuit
des horreurs

Données de catalogage avant publication (Canada)

Tibo, Gilles
La Nuit des horreurs
(Bilbo-jeunesse ; 87)
(Noémie ; 8)
ISBN 2-7644-0005-5
I. Titre. II. Collection. III. Collection : Tibo, Gilles, 1951- .
Noémie ; 8.
PS8589.I26N84 1999 jC843'.54 C99-941108-X
PS9589.I26N84 1999
PZ23.T52Nu 1999

Nous reconnaissons l'aide financière du gouvernement du Canada par l'entremise du Programme d'aide au développement de l'industrie de l'édition (PADIÉ) pour nos activités d'édition.

Gouvernement du Québec – Programme de crédit d'impôt pour l'édition de livres – Gestion SODEC.
Les Éditions Québec Amérique bénéficient du programme de

Le Conseil des Arts du Canada | The Canada Council for the Arts

SODEC Québec

subvention globale du Conseil des Arts du Canada. Elles tiennent également à remercier la SODEC pour son appui financier.

Québec Amérique
329, rue de la Commune Ouest, 3e étage
Montréal (Québec) Canada H2Y 2E1
Tél. : 514-499-3000, Télécop. : 514-499-3010

Dépôt légal : 4e trimestre 1999
Bibliothèque nationale du Québec
Bibliothèque nationale du Canada

Révision linguistique : Michèle Marineau
Montage : Andréa Joseph [PageXpress]
Deuxième réimpression : octobre 2002

www.quebec-amerique.com

Noémie
La Nuit des horreurs

GILLES TIBO

ILLUSTRATIONS : LOUISE-ANDRÉE LALIBERTÉ

87

QUÉBEC AMÉRIQUE Jeunesse

DU MÊME AUTEUR
CHEZ QUÉBEC AMÉRIQUE

Noémie 12 - La Cage perdue, coll. Bilbo, 2002.

Les Parfums d'Élisabeth, roman adulte, 2002.

Les Musiques du Petit Bonhomme, Hors collection, 2002.

Les Mots du Petit Bonhomme, Hors collection, 2002.

Le Mangeur de pierres, roman adulte, 2001.

L'Orage du petit géant, coll. Mini-Bilbo, 2001.

Noémie 11 - Les Souliers Magiques, coll. Bilbo, 2001.

La Nuit blanche du petit géant, coll. Mini-Bilbo, 2000.

Noémie 10 - La Boîte mystérieuse, coll. Bilbo, 2000.

Noémie 9 - Adieu, grand-maman, coll. Bilbo, 2000.

La Planète du petit géant, coll. Mini-Bilbo, 1999.

Noémie 8 - La Nuit des horreurs, coll. Bilbo, 1999.

Noémie 7 - Le Jardin zoologique, coll. Bilbo, 1999.

La Nuit rouge, coll. Titan, 1998.

Les Voyages du petit géant, coll. Mini-Bilbo, 1998.

La Fusée du petit géant, coll. Mini-Bilbo, 1998.

Noémie 6 - Le Château de glace, coll. Bilbo, 1998.

Noémie 5 - Albert aux grandes oreilles,
coll. Bilbo, 1998.

L'Hiver du petit géant, coll. Mini-Bilbo, 1997.

Les Cauchemars du petit géant, coll. Mini-Bilbo, 1997.

Noémie 4 - Les Sept Vérités, coll. Bilbo, 1997.

Noémie 3 - La Clé de l'énigme, coll. Bilbo, 1997.

Noémie 2 - L'Incroyable Journée, coll. Bilbo, 1996.

Noémie 1 - Le Secret de Madame Lumbago,
coll. Bilbo, 1996.
• Prix du Gouverneur général du Canada 1996

À Marie-Pier Arcouette,
la meilleure amie de Noémie.

-1-

Comme d'habitude

Aujourd'hui, il ne se passe rien d'extraordinaire. Je me lève comme d'habitude. Je déjeune comme d'habitude. Je vais à l'école comme d'habitude. Je reviens de l'école comme d'habitude. Je ne fais pas mes devoirs comme d'habitude, parce que le vendredi, comme d'habitude, je me repose. Ensuite, comme d'habitude, je papote avec grand-maman Lumbago, je caresse le chat, et c'est tout…

Je suis tellement surprise qu'il ne se passe rien d'extraordinaire que je demande à grand-maman :

—Est-ce possible, une journée où il ne se passe rien, mais vraiment rien de spécial?

En fermant les yeux et en soupirant, elle répond :

—Oui, c'est possible...

—Et qu'est-ce qu'on fait quand il ne se passe rien?

—Mon Dieu Seigneur, on en profite pour se reposer... Ou bien, on essaie de provoquer le destin pour qu'il se passe quelque chose...

Ça, c'est une bonne idée. Après ma collation, j'essaie de provoquer le destin pour qu'il se passe quelque chose. J'allume la télévision, il n'y a rien d'intéressant. Je joue à la cachette avec le chat, je le trouve tout de suite. Je descends dans la ruelle pour jouer au ballon, il n'y a personne pour jouer avec moi.

Ce n'est pas croyable, une journée pareille. Je serais prête à vivre de grandes aventures, à grimper sur les plus hautes montagnes, à plonger au fond des mers, à voyager jusqu'à la lune. Je regarde autour de moi, et il ne se passe rien, absolument rien, de rien, de rien du tout.

Je remonte chez grand-maman. Elle tricote comme d'habitude. Les aiguilles de l'horloge tournent comme d'habitude. Le serin chante dans sa cage comme d'habitude. Si ça continue comme ça, je vais devenir folle !

Alors, je me concentre. J'essaie d'inventer des aventures, des peurs, quelque chose pour m'énerver, mais rien ne fonctionne. C'est une journée « comme d'habitude »... Une journée plate, plate, plate… Aussi plate qu'une planche à repasser.

Je change de tactique. Je vais profiter de cette journée plate pour me reposer. Je m'assois sur le balcon avant, sur le balcon arrière, sur le canapé, sur le lit, mais je suis incapable de me reposer : je ne suis pas fatiguée.

▲ ▲ ▲

Ce soir, comme d'habitude, mes parents travaillent très tard. Comme d'habitude, c'est grand-maman Lumbago qui me garde. Comme d'habitude, je prends un bain chaud, je bois un verre de lait et je me couche dans le lit de grand-maman. Elle me borde, m'embrasse sur les deux joues, puis elle me chuchote :

—Bonne nuit, ma petite-Noémie-d'amour-chérie-de-mon-cœur...

Je m'enfouis dans les draps et je réponds :

—Bonne nuit ma belle-petite-grand-maman-d'amour... Vous ne venez pas vous coucher?

—Non... Je vais regarder la télévision... Bonne nuit!

—Bonne nuit...

Elle quitte la chambre. J'écoute le moindre de ses mouvements. Elle marche dans le corridor, lave la vaisselle, balaie le plancher. Ensuite, clic, clic, clic, elle éteint toutes les lumières de l'appartement et se dirige vers le salon. Elle s'assoit sur le canapé, et là, je n'entends plus rien. Après quelques secondes de silence, je demande :

—Grand-maman, qu'est-ce que vous faites?

—Rien! Bonne nuit, Noémie...

—Rien comment?

—Rien! Je consulte l'horaire de la télévision... Bonne nuit, Noémie!

—Est-ce qu'il y a de bons films?

—Je ne sais pas! Bonne nuit, Noémie!

Bonne nuit! Bonne nuit! Je ne m'endors même pas! Je ne suis pas fatiguée parce qu'il ne s'est rien passé aujourd'hui... rien, vraiment rien.

Et là, en regardant le plafond et en ne pensant à rien, je glisse lentement vers le sommeil en espérant faire des rêves fabuleux. Je flotte sur des nuages, je dérive par-dessus la lune, je glisse entre les étoiles. Il ne se passe rien. Je suis toute seule dans mon rêve qui est complètement ridicule.

J'essaie de transformer mon rêve en cauchemar. J'imagine que je me fais attaquer par des extraterrestres : ils arrivent sur de ridicules soucoupes volantes pas plus grosses qu'une tasse, et je n'ai même pas peur. J'essaie d'imaginer une explosion intergalactique qui me projetterait aux confins de l'univers. Mais il ne se passe rien. J'essaie d'imaginer que je dérive autour de la terre et que j'ai le vertige. Rien ! Je suis découragée ! Je ne sais plus quoi faire dans mon rêve, qui est le rêve le plus ennuyant de toute ma vie.

Soudain, j'entends un ricanement épouvantable qui me glace les veines. Je me réveille en sursaut dans le lit de grand-

maman. J'enfouis ma tête sous les couvertures... Un grand silence envahit la chambre. Je n'entends plus rien. Je sors ma tête et je tends l'oreille. Un autre cri épouvantable s'enfonce dans mes oreilles et m'arrache le cœur... Je regarde le réveil aux chiffres lumineux. Les chiffres indiquent exactement 12 : 00. Il est minuit.

Minuit, c'est l'heure la plus terrifiante de toute la nuit. C'est l'heure où le carrosse de Cendrillon a été changé en citrouille. C'est l'heure où les loups se transforment en loups-garous. C'est l'heure où les monstres, les fantômes, et les morts-vivants sortent pour faire peur aux enfants du monde entier.

Une musique épouvantable s'élève et m'envahit. J'entends des voix de sorcières discuter dans le salon. Je me pince le bras pour voir si je rêve. AOUTCH! Non, je ne rêve pas. Pour en être bien certaine, je me mords le bras. AOUTCH! Non, vraiment, je ne rêve pas!

Alors, si je ne rêve pas, je suis bel et bien dans la vraie vie. Pour vérifier, j'avance mon bras vers un petit rayon de lumière qui passe au-dessus du lit. Mon bras porte encore la marque de mes dents. Je suis dans la vraie vie pour vrai, et j'ai peur. Je n'ose pas sortir du lit. J'entends des sorcières dans le salon... Elles sont entrées par la fenêtre grande ouverte. Elles discutent avec... avec qui... avec grand-maman? J'entends chuchoter... puis j'entends des Hi! Hi! Hi! et des Gnin! Gnin! Gnin! J'entends de grands coups de vent qui sifflent d'un mur à l'autre, des violons qui grincent, des trompettes d'horreur qui résonnent dans la maison... J'ai peur! J'ai peur!

-2-

Le fantôme

En tremblant, je murmure :
— Grand-maman? Grand-maman, êtes-vous là?

Un épouvantable hurlement de sorcière me répond du salon. Sa voix emplit tout l'espace. Je me recroqueville au fond du lit. Je n'en peux plus! Je n'ai jamais eu aussi peur de toute ma vie! J'ai déjà affronté des voleurs de coffre-fort, des voleurs de grand-mère, des ogres, des hors-la-loi de toutes sortes, mais je ne sais pas comment réagir face aux sorcières. Je ne sais même pas combien il y en a dans le salon.

J'essaie de réfléchir pour trouver une tactique. Mais je suis trop nerveuse! Ma tête est pleine de questions qui tournent de tout bord tout côté : Comment attraper des sorcières qui volent? Comment s'emparer de leur balai magique? Comment les faire fuir?

Un petite lumière s'allume dans ma tête : il me vient une idée. Je n'avais jamais pensé à ça... Tout le monde a peur de quelque chose : moi, j'ai peur des sorcières, grand-maman a peur des araignées, mon père a peur de manquer de travail, ma mère a toujours peur qu'il m'arrive un accident... Alors... qu'est-ce qui pourrait faire peur à une sorcière? Hum!

Je pourrais me déguiser en sorcière, mais je crois que mon déguisement les ferait rire aux

larmes. Je n'ai rien pour me déguiser, à part le rouge à lèvres de grand-maman, que je vois sur la commode... Je pourrais me déguiser en quelque chose de plus épeurant qu'une sorcière : en loup-garou, en ogre, en vampire. Mais je regarde dans la chambre, et je ne vois rien qui pourrait m'aider.

En écoutant les ricanements des sorcières qui volent dans le salon et qui lancent des éclairs, je me cache sous les couvertures. Tout à coup, une lumière s'allume dans mon cerveau : je viens d'avoir l'idée du siècle!

Le plus silencieusement possible, j'enlève la douillette du lit. Je tire sur le grand drap blanc et je le pose sur ma tête pour me déguiser en fantôme. Les sorcières ont sûrement peur des fantômes parce que tout le monde a peur des fantômes, c'est bien connu!

J'essaie de marcher avec le drap sur la tête, mais je ne vois pas où je pose les pieds. Je me cogne les orteils dans une armoire. AOUTCH!... J'enlève le draps de ma tête et, dans le noir de la chambre, je cherche la petite trousse de grand-maman, la trousse dans laquelle se trouve une paire de ciseaux à ongles.

Après de multiples tâtonnements, je finis par trouver la trousse près de la commode. Je m'approche de la fenêtre. Un peu de lumière passe entre les rideaux et la vitre. Avec les ciseaux, je découpe deux petits trous dans le milieu du drap en faisant bien attention de ne pas me couper les doigts. Je tremble, j'ai peur...

Ensuite, je remets le drap sur ma tête. Je regarde par les deux trous. Je vois bien. J'avance vers le grand miroir caché derrière la porte. Je pousse lentement la porte qui grince. Je reçois un coup au cœur. Je me vois déguisée en fantôme dans le miroir. Je fais onduler mes deux bras de chaque côté en murmurant HOU! HOU! HOU! comme les vrais fantômes. Ma peau frissonne de la racine de mes cheveux jusqu'au bout de mes ongles d'orteils! J'ai moi-même peur de moi, en sachant que je suis cachée sous le drap! J'imagine déjà la tête des sorcières!

Même déguisée en fantôme, je suis incapable de quitter la chambre de grand-maman. Je suis trop effrayée pour affronter des sorcières. Je marche de long en large près du lit. Je les

entends siffler, ricaner, voler dans le salon, mais je n'entends pas grand-maman. Elles l'ont peut-être bâillonnée et attachée au canapé, ma belle grand-maman d'amour! Ou peut-être que les sorcières l'ont emportée dans leur repaire, un vieux château maléfique caché au fond d'une épaisse forêt. Grand-maman est peut-être emprisonnée dans un donjon rempli de toiles d'araignées. Ma pauvre petite-grand-maman-d'amour qui ne doit pas comprendre ce qui lui arrive! Je ne peux pas l'abandonner!

J'ouvre la porte de la chambre et je fonce vers l'entrée du salon en hurlant HOU! HOU! HOU! Mais je suis tellement énervée que je ne regarde pas ce que je fais. Mon pied gauche s'accroche dans le drap. Je perds l'équilibre et je tombe contre le mur à côté de l'entrée du salon. BANG! Aussitôt, j'entends des violons qui grincent et grand-maman qui crie. Encore tout étourdie, je me relève et replace le drap sur ma tête. Ensuite, bravant toutes les sorcières du monde, je me précipite dans le salon en criant HOU! HOU! HOU!

-3-

La double surprise

J'arrive dans le salon en courant! Les bras en l'air, je crie HOU! HOU! HOU! comme un vrai fantôme. Et là, il se passe quelque chose d'incroyable, quelque chose que je n'avais pas prévu. Par les petits trous découpés dans le drap, j'aperçois grand-maman Lumbago toute seule au milieu du canapé. Elle me voit apparaître. Les cheveux lui dressent sur la tête! Elle lâche son sac de croustilles, ouvre la bouche et hurle en portant une main à son cœur :

—HIIIIIIIIIIIIII! MON DIEU SEIGNEUR!

Elle bondit comme un ressort et se retrouve debout sur le canapé. Le sac vole dans les airs. Les croustilles retombent un peu partout dans le salon. Grand-maman trépigne en piétinant les coussins du canapé. Elle se tient la tête à deux mains en répétant :

—NON! Ce n'est pas possible... NON! Ce n'est pas possible...

Pendant ce temps, le téléviseur lance des éclairs de toutes les couleur sur les murs. On se croirait à l'intérieur d'un château hanté. Une sorcière crie! Je me fige sur place! Je ne comprends plus rien! C'est-à-dire que je comprends tout! Grand-maman était seule dans le salon et elle regardait un film d'épouvante.

Grand-maman continue d'arpenter le canapé. Elle est

tellement énervée qu'elle lève les bras vers le plafond en répétant :

—Mon Dieu Seigneur que j'ai eu peur! Mon Dieu Seigneur que j'ai eu peur!

En vitesse, j'enlève le drap de ma tête en disant avec ma voix la plus douce :

—N'ayez pas peur! C'est moi, Noémie!

Grand-maman reste debout sur le canapé. Elle respire aussi fort que si elle avait couru le marathon. Soudain, un grand cri, venu de la télévision, nous paralyse. Nous nous regardons pendant quelques instants, aussi terrifiées l'une que l'autre. Puis le film s'arrête pour laisser place à un message publicitaire. Un pot de margarine apparaît sur l'écran. Une petite musique apaisante vient nous calmer les nerfs. Ouf! Mon cœur ralentit sa course. Grand-maman se détend un peu. Elle me regarde en disant :

—Je viens d'avoir la peur de ma vie! Pourquoi, mais pourquoi ce déguisement de fantôme?

—... Je... heu... je...

Je ne trouve pas de réponse intelligente. Je dis juste :

—... Je... je trouvais que votre film n'avait pas l'air assez effrayant... Je... voulais vous faire une vraie peur...

—Mon Dieu Seigneur, Noémie, j'ai failli avoir une crise cardiaque! Te rends-tu compte?... Et le drap, qu'est-ce que tu as fait au drap?

—Je... heu... c'est un drap de fantôme. Et les draps de fantômes ont toujours deux trous pour les yeux!

Nous n'avons pas le temps de poursuivre notre conversation. La publicité terminée, un grand hurlement jaillit de la télévision. Je saute sur le canapé et je me colle contre ma grand-mère qui tremble. Elle me serre contre elle. Je me cache la tête dans ses bras. Grand-maman dit :

— Bon, c'est assez, Noémie... Retourne te coucher...

— Vous n'êtes pas sérieuse, grand-maman? Comment voulez-vous que je dorme après une peur pareille? Je suis plus réveillée qu'en plein jour!

C'est vrai, je n'en reviens pas. Je me sens en pleine forme. Je suis si excitée que je pourrais courir dehors, aller jouer au parc et me promener à bicyclette. Grand-maman me dit :

— Ça me fait le même effet. J'ai eu tellement peur que je ne m'endors plus!

Alors, je lui fais une suggestion :

— Nous devrions aller jouer au parc!

— Mais voyons, Noémie, on ne joue pas au parc à minuit!

— Nous pourrions aller... au cinéma?

— Mon Dieu Seigneur...

— Manger au restaurant?

— ... Tu n'es pas sérieuse...

— Alors, nous pourrions... jouer à la cachette dans l'appartement...

Je n'ai pas le temps de suggérer autre chose. Un hululement lugubre sort de la télévision. Je me cale contre grand-maman.

Elle en profite pour me dire :

— Bon, Noémie, retourne te coucher! Ce film n'est pas pour toi!

Moi, je ne veux pas me coucher. Je me blottis contre grand-maman et je lui murmure :

—Je ne serai jamais capable de me recoucher tout de suite... Est-ce que je pourrais regarder un petit bout du film avec vous? Demain, c'est congé, je dormirai plus tard...

Grand-maman ne sait plus quoi faire. Elle réfléchit. Elle me répète que ce n'est pas un film pour moi. Je lui réponds :

—Des films d'épouvante, j'en ai vu des dizaines... La seule chose que je n'aime pas à la télévision, c'est quand les gens s'embrassent. Personne ne va embrasser cette vieille sorcière!

Grand-maman me relève la tête et me sourit.

—Bon, répond-elle. Mais tu te couches aussitôt le film terminé!

—Promis, juré! Vous êtes vraiment la meilleure grand-maman du monde entier, et même plus!

-4-

Le film

Nous replaçons les coussins. Ensuite, nous ramassons les croustilles tombées sur le canapé et nous les remettons dans le sac. Grand-maman s'assoit. Je me blottis contre elle... pour la protéger.

Grand-maman me serre très fort. Nos quatre yeux sont rivés sur l'écran de la télévision et nous bondissons chaque fois que la musique s'accélère. Nous mangeons des croustilles. Crounch ! Crounch ! C'est le bonheur total. En même temps, c'est l'horreur totale. Je demande :

—Grand-maman, avez-vous bien verrouillé les portes de l'appartement?

Les yeux fixés sur l'écran, elle ne répond pas. Moi, j'imagine des dizaines de sorcières qui pénètrent en cachette dans la maison. Je suis même certaine qu'il y en a des centaines qui volent au-dessus du toit et des milliers d'autres qui arrivent des quatre coins du monde. Je demande encore :

—Avez-vous bien verrouillé les portes?

—... Oui... Oui... Je crois...

—Je crois... Je crois... Ce n'est pas une réponse, ça, grand-maman!

—Tu devrais vérifier toi-même!

Hé, hé, hé... Moi, je ne quitte pas ce canapé avant la fin du monde, je veux dire avant la fin du film. Je n'ai pas envie de me retrouver devant une sorcière en plein milieu du corridor. Je ne suis pas folle! Je réponds :

—Non, allez-y, vous! Je vais garder votre place...

—Non... Vas-y, toi...

Nous n'avons pas le temps de nous obstiner. Un épouvantable squelette marche dans les brumes d'un cimetière. La lune éclaire les pierres tombales... Je... je n'ai pas peur... Je n'ai pas peur... C'est juste du cinéma, des trucages et des effets spéciaux... mais j'ai peur de ce que j'imagine. Le squelette pourrait briser l'écran de la télé. Il pourrait culbuter sur le plancher du salon. Ensuite, il se relèverait et se précipiterait sur nous en riant d'un rire qui nous glacerait le sang dans les veines. Nous aurions les cheveux dressés sur le crâne! Les yeux exorbités! Nous aurions tellement peur qu'il nous serait impossible de bouger. Et là... là, j'aime mieux ne pas imaginer ce qui pourrait se produire.

Grand-maman me demande :

—Noémie, que fais-tu, la tête cachée dans ta robe de chambre?

—Rien... je... je cherche quelque chose...

—Est-ce que le film te fait si peur?

—... Non, non! Pas du tout!... Pas du tout...

Je prends un mouchoir de papier dans ma poche et je sors la tête de ma robe de chambre en disant :

—Voilà ce que je cherchais.

Je fais semblant de me moucher. Je fais surtout semblant de ne pas avoir peur. Je me tiens droite comme quelqu'un qui n'est pas effrayé et qui peut affronter les pires dangers sans sourciller, ni trembler, ni rien de rien.

En regardant le film, je mange quelques croustilles. J'essaie de ne pas sourciller, mais j'en suis incapable. J'essaie de ne pas trembler, mais c'est impossible. J'essaie d'avoir l'air «rien de rien» mais, en dedans de moi, j'ai peur c'est effrayant!

Tout à coup, en prenant une croustille au fond du sac, ma main touche celle de grand-maman. Elle tremble, elle aussi.

—Avez-vous peur, grand-maman?

—Moi?... Non... pas du tout!

—Pourquoi tremblez-vous, alors?

—... Je... heu... je tremble parce que... parce que j'ai froid.

—Si vous avez froid, vous devriez fermer la fenêtre à double tour. Il y a un courant d'air dans le salon. Ensuite, allez donc chercher la douillette sur votre lit!

—C'est une bonne idée... Vas-y, toi... chercher la douillette!

—Non... moi, je n'ai pas froid...

Grand-maman ne répond rien. Elle tremble de partout! Si elle continue comme ça, elle va se transformer en glaçon...

Soudain, elle demande :

—C'est quand, la prochaine pause publicitaire?

—Bientôt, j'espère!

Et là, nous sommes plongées au centre de l'horreur. En s'enfuyant, le grand squelette est tombé par terre. Il cherche ses os éparpillés un peu partout. La sorcière survole le cimetière en ricanant Hi! Hi! Hi! Le son de sa voix me fait frémir. Grand-maman tremble comme une feuille. Ce n'est pas de sa faute, elle n'avait pas la télévision lorsqu'elle était jeune.

Soudain, clic! À la vitesse de l'éclair, je vois apparaître sur l'écran un cheval qui court dans un champ de fleurs. Clic! une annonce de nourriture pour chien. Clic! une fille en bikini. Clic! une annonce météo. Je dis à grand-maman :

—Mais arrêtez de jouer avec la télécommande... Vous me donnez le vertige!

—Mon Dieu Seigneur! Noémie! J'ai trop peur! Je n'en peux plus! Allons nous coucher!

Je ne réponds pas. Je fais comme si je n'avais rien entendu. Elle répète :

—C'est vraiment trop effrayant! Allons nous coucher!

Je la prends par les épaules :

—Continuez de changer les postes, ça va vous faire du bien! Prenez de grandes respirations et expirez le plus longtemps possible.

Pendant que les postes défilent à une vitesse folle, elle essaie de respirer calmement. Après une minute, elle soupire :

—Ouf... je me sens mieux...

Je lui dis subtilement :

—À part le film d'horreur, il n'y a rien d'intéressant à la télévision ce soir...

Nous revenons au film d'horreur et, là, c'est encore pire que pire. La sorcière tourne et virevolte autour d'un paquet de squelettes. Elle leur donne de grands coups de balai... Je fais semblant de ne pas avoir peur, je regarde le film avec un œil fermé et l'autre à demi ouvert. Soudain, une soucoupe volante survole le cimetière. Grand-maman se met à trembler de la tête aux pieds. Elle se lève d'un bond et se précipite vers la porte du salon comme si elle avait été piquée par une mouche invisible ou pire encore : comme si elle avait été attirée par une force surnaturelle venue d'une autre galaxie.

-5-

Les extraterrestres

Grand-maman disparaît dans le corridor. Je ne comprends plus rien! Je reste figée sur place avec le sac de croustilles dans les mains.

Tout à coup, j'entends grand-maman bouger dans sa chambre. Elle murmure des choses que je ne comprends pas. Puis je l'entends revenir. Le plancher craque. Au moment où je devrais normalement la voir apparaître dans l'ouverture de la porte, il ne se passe rien. Grand-maman s'est volatilisée.

Mon cœur bat à tout rompre. J'ouvre la bouche pour l'appeler,

mais je suis tellement nerveuse que je ne peux émettre aucun son. Je reste là, figée, la bouche ouverte. J'attends qu'il se passe quelque chose, et je m'attends au pire. Je suis certaine qu'un vaisseau spatial flotte au-dessus de la maison. Dans le vaisseau, il y a des dizaines et des dizaines d'extraterrestres.

Avec leurs ordinateurs, ils veulent envahir la terre en commençant par ma grand-mère. Je suis certaine qu'ils viennent de prendre le contrôle de son cerveau parce que ma grand-maman est une personne un peu naïve qui n'a pas regardé beaucoup de films de science-fiction. Elle va devenir une marionnette entre leurs mains. Ils vont la déprogrammer. Ils vont mettre son cerveau dans une bouteille et ils vont lui en greffer un autre. Tout le monde va penser que c'est grand-maman Lumbago mais, à l'intérieur, ce ne sera plus elle. Ce sera un extraterrestre déguisé en grand-mère. Les extraterrestres, ils font souvent ce coup-là dans les films... Ensuite... ils vont essayer de faire la même chose avec moi... Mais ça ne se passera pas comme ça, oh non!

Pour empêcher les extraterrestres de s'emparer de mon

cerveau, il faut que je brouille les ondes, que je me concentre au maximum sur la télévision. C'est la seule façon de m'en sortir. Je regarde le film d'épouvante et je leur lance toute ma peur... Ha! Ha! Ha! Leurs ordinateurs vont éclater et ils vont nous laisser en paix, ma grand-maman et moi.

Soudain, j'entends un bruit à travers le mur.

De l'autre côté du mur, il y a la salle de bain. Quelqu'un vient de tirer la chasse d'eau. Alors, je me suis trompée. Ce ne sont pas des extraterrestres qui viennent d'une autre galaxie. Ce sont des intraterrestres, des monstres venus du centre de la terre. Il y a deux sortes d'intraterrestres, ceux qui ont des corps durs comme de la roche, et ceux qui sont fabriqués avec de l'eau et qui peuvent circuler dans les égouts et les tuyaux en faisant des «glou glou». Ce sont les plus dangereux! J'en ai déjà vu dans un dessin animé. Même dessinés, ils étaient effrayants. Ils envahissaient les maisons en passant par les cuvettes des toilettes, par les robinets, par les douches. Je suis certaine qu'ils viennent d'envahir la salle de bain.

Je quitte le canapé. Je colle mon oreille contre le mur qui donne sur la salle de bain. Mon corps devient tout mou. C'est effrayant : je n'entends absolument rien! Rien! Rien! Et lorsqu'on n'entend rien, c'est parce que quelque chose de louche se prépare. J'imagine les intraterrestres liquides. Il y a les rouges et les bleus, et quelquefois ils se mélangent pour donner du violet. Lorsqu'ils se mélangent ainsi, ils deviennent encore plus menaçants.

Je suis certaine qu'ils sortent du robinet! Rien de plus facile pour eux! Surtout que le robinet d'eau chaude coule toujours un peu. Les intraterrestres tombent goutte à goutte dans le lavabo, ensuite ils glissent sur le plancher, passent sous les portes, s'étendent sur le plancher du corridor et envahissent le plancher du salon pour noyer tout ce qui s'y trouve.

Je relève mes pieds et je me recroqueville sur le canapé. J'ai peur! Je frissonne! À la télévision, deux armées de squelettes se battent pour le contrôle du cimetière. Je n'en peux plus! Je crie :

— Grand-maman!

— ...

— Grand-maman ! Êtes-vous là ?

— ...

Ça y est, les intraterrestres l'ont enlevée pour l'emporter au fond de la mer. Je n'en peux plus ! J'ai froid ! Je tremble ! Je sens de grosses larmes couler sur mes joues. Je les essuie et, là, je n'en reviens pas ! De l'eau qui coule de mes yeux ! Ça y est ! Ce sont les intraterrestres ! Ils viennent de m'envahir ! Ils débordent de mes paupières ! Je regarde une dernière fois la télévision, la fenêtre grande ouverte, le chat roulé en boule sur le tapis, et je me dis que la fin du monde vient d'arriver ! Ce soir ! Je... je vais m'évanouir...

▲ ▲ ▲

J'entends la porte de la salle de bain s'ouvrir et se refermer lentement. J'avale ma salive de travers. Quelqu'un marche dans le corridor. Le plancher craque. C'est sûrement un intraterrestre avec le corps plus lourd que de la roche. Il avance! Il avance! Et puis, soudain, je vois une ombre apparaître! Je ferme les yeux et j'entends :

— Coucou!

J'ouvre les paupières. Grand-maman apparaît dans l'ouverture de la porte. Elle tient sa grosse douillette et traverse le salon à petits pas. Avec un sourire en coin, elle me dit :

—J'ai bien failli te faire le coup du fantôme avec une douillette sur la tête... mais... je n'ai pas voulu te faire peur!

En jouant à la brave, je réponds :

—Ça m'en prendrait plus que ça pour m'effrayer...

Grand-maman s'assoit en secouant la grande douillette, qui retombe lentement et nous couvre de la tête aux pieds. Nous nous blottissons l'une contre l'autre en tenant le sac de croustilles.

Après quelques secondes, une douce chaleur nous envahit. Le chat arrive en miaulant, se glisse sous la douillette et se couche sur mes genoux. Devant le film d'épouvante, grand-maman et moi nous nous réchauffons, nous nous déplions lentement, nous nous défripons.

La chaleur de la douillette nous fait comme un gros bouclier contre la peur. Les squelettes et les fantômes pourraient quitter l'écran et sauter dans le salon, le ciel pourrait nous tomber sur la tête... les extra et les intraterrestres pourraient nous envahir... je n'aurais peur de rien... ou presque...

-6-

Les mouchoirs de papier

Notre petit bonheur tout chaud ne dure pas longtemps. À la télévision, la tension monte, monte, monte! Le squelette marche dans une forêt profonde. Il marche en craquant... il avance... il avance, et, soudain, sans aucun avertissement, la musique explose! On voit apparaître derrière un vieux tronc d'arbre la plus méchante et la plus laide des sorcières. Les deux bras en l'air et les ongles plus longs que des griffes, elle s'approche du pauvre squelette complètement perdu dans la brume. Grand-maman et moi, nous sursautons sur le canapé. J'ai tellement peur que je suis incapable d'avaler ma croustille. Grand-maman répète :

—Mon Dieu Seigneur! Mon Dieu Seigneur!

Tout en m'agrippant à elle, je la rassure :

—Mais voyons donc, grand-maman! Ce n'est qu'un film avec plein de trucages et d'effets spéciaux!

La sorcière s'élance vers le squelette, qui ne se doute de rien. La musique s'accélère. Grand-maman et moi sursautons encore en criant toutes les deux :

—AAAHHH!

—AAAAAHHHH!

Nous ne savons plus comment nous asseoir sur le canapé. Nous nous accrochons l'une à l'autre sur les coussins pêle-mêle. Nous ne pouvons plus

bouger, tellement nous avons peur. Pour me changer les idées, je promène mon regard un peu partout dans le salon. Je vois la bibliothèque, les cadres sur les murs, les rideaux. Ce sont toutes des choses inoffensives... d'habitude ! Mais là, avec la musique et les changements de lumières qui viennent du téléviseur, on croirait que tout le salon est devenu vivant. La bibliothèque se transforme en forêt pleine de mystère. Les cadres s'animent sur les murs, et les rideaux agités par le vent deviennent de grands fantômes. Même le chat ressemble à un chat de sorcière. On dirait que ses yeux vont s'allumer et que ses griffes vont se transformer en poignards. C'est épouvantable !

Je ferme les yeux parce que je vais hurler, ou exploser, ou

mourir de peur. Mais c'est encore plus effrayant d'avoir les yeux fermés. La musique me fait bondir. Les ricanements de la sorcière s'engouffrent dans mes oreilles, et j'ai peur tout partout : j'ai peur dans mes pieds, dans mes jambes, dans mon ventre et surtout dans ma tête. Alors, je me bouche les oreilles avec les mains. Mais ce n'est pas assez! Je me bouche les oreilles avec les doigts. Ce n'est pas assez. Je prends deux mouchoirs de papier dans la poche de ma robe de chambre et je m'en bouche les oreilles.

Ouf! Ça va déjà mieux! J'entends à moitié! J'ai peur à moitié!

Grand-maman se tourne vers moi. Elle regarde les deux mouchoirs qui me sortent des oreilles. Elle fait de grands yeux ronds puis elle éclate de rire. Elle est pliée en deux, les mains sur son ventre, et je la regarde rire sans dire un mot. Elle relève ensuite la tête et me fixe encore en redoublant de rire. Elle réussit à dire entre deux spasmes :

—Hi, hi, hi... Excuse-moi... Noémie... c'est nerveux!

Je n'ai pas le temps de réagir. La musique du film nous ramène les yeux sur l'écran. La sorcière emporte le squelette sur son balai. Ils passent devant la lune. Ils traversent le ciel rempli de chauves-souris.

Grand-maman et moi fouillons toutes les deux dans le sac de croustilles. Le squelette reprend conscience sur le balai. Nous mangeons des croustilles. Crounch! Crounch! Crounch! Les os du squelette craquent dans la nuit. Crounch! Crounch! Crounch! La sorcière et le squelette se battent. Ils virevoltent autour d'un immense donjon qui flotte dans la brume au-dessus d'un château hanté. Même avec mes mouchoirs dans les oreilles, j'entends les ricanements de la sorcière et les hululements d'un hibou. Son cri me glace. Malgré la douillette, j'ai tellement froid qu'il y a sûrement de la neige qui coule dans mes veines.

J'enfonce ma main dans le sac de croustilles. Il n'en reste presque plus. Je ramasse les dernières miettes et je sursaute. Il y a quelque chose au fond du sac. C'est un petit morceau de carton sur lequel il est écrit : *Félicitations! Avec ce coupon, vous gagnez une entrée gratuite au cinéma!*

Je montre le petit carton à grand-maman, qui me dit :

— C'est formidable mais, en attendant, va donc chercher d'autres croustilles dans l'armoire de la cuisine.

-7-

Le corridor

Je voudrais me lever, mais c'est impossible. J'ai trop peur! Les grands rideaux du salon bougent, et tout l'appartement est rempli de noirceur, le genre de noirceur très très noire qui cache quelque chose. Grand-maman me répète :

—Il y a un autre sac de croustilles dans l'armoire de la cuisine!

—Non! Allez-y, vous! Moi, je reste ici...

—Non! Vas-y... J'ai apporté la douillette, c'est à ton tour!

—Je passe mon tour!

—Mais voyons, Noémie, as-tu peur à ce point?

— ... Noui!

— Si ça te fait si peur, je ferme la télé, et nous allons nous coucher!

Je me lève d'un bond :

— J'y vais, j'y vais! Mais si je ne reviens pas, ce sera de votre faute! On n'envoie pas une petite fille en pleine nuit à l'autre bout d'un appartement, pour aller chercher des croustilles! Il pourrait m'arriver la même chose qu'au Petit Chaperon rouge! Il pourrait m'arriver la même chose qu'au Petit Poucet perdu dans les bois. Il pourrait m'arriver quelque chose de pire encore! Je pourrais me faire attaquer par des loups-garous, des squelettes... Si je ne reviens pas de la cuisine, c'est parce qu'une méchante sorcière m'aura enlevée avec son balai magique!

Grand-maman répond en soupirant :

—Le sac de croustilles est sur la deuxième tablette, à gauche...

En serrant le cordon de ma robe de chambre, je lance :

—Adieu, grand-mère! Dites bonjour à mes chers parents! Transmettez tous mes vœux de bonheur à mes amies...

—C'est ça, je leur dirai que...

Grand-maman n'a pas le temps de terminer sa phrase. Elle fixe la télé en agrandissant les yeux et en se rentrant la tête sous la douillette. Pendant que la musique devient épouvantablement effrayante, une pierre tombale glisse lentement et pivote sur elle-même. Une brume qui ressemble à de la fumée de cigarette sort de la tombe. Une grande main de squelette pousse la pierre qui grince. Et puis, une horrible tête apparaît en riant. J'ai tellement peur que je bondis jusqu'à l'entrée du salon. Je tremble... J'ai chaud et froid en même temps.

Je regarde dans le corridor. En face, je vois la porte de la chambre de grand-maman. La porte est entrouverte. Je ne suis pas folle, je suis certaine qu'il y a un monstre caché derrière cette porte.

En tremblant, je m'avance dans le corridor. Grand-maman me crie :

—Vite, Noémie! Les croustilles!

Je suis trop nerveuse pour accélérer le pas. Je pousse la porte de la chambre. Elle ne bouge que de quelques centimètres à peine, puis elle s'arrête en craquant. Quelqu'un est caché derrière, je le sais, on voit ça dans tous les films d'horreur. Je ferme un œil et je regarde par la fente entre la porte et le cadre. Je vois une forme bouger. Je ne sais plus quoi faire! J'ai peur! Je me fige sur place comme une statue. Quand je pense qu'aujourd'hui je me plaignais de vivre la journée la plus ennuyante de toute ma vie... Là, je suis bien servie. Je saute d'une peur à l'autre, ça n'arrête pas!

Sans réfléchir, je m'élance de tout mon poids contre la porte. BANG! Elle ne bouge pas d'un centimètre. AOUTCH! Mon épaule! Quelqu'un d'énorme se cache derrière cette porte. C'est sans doute un monstre immense avec des yeux tout le tour de la tête. J'entends la voix de grand-maman qui demande :

—Voyons, Noémie, que se passe-t-il?

—Heu... rien... je me suis frappée contre la porte... je crois!

Je me suis cogné la tête. Je vois des étoiles tout autour de moi. Les deux mains appuyées sur les murs du corridor, je me dirige vers la cuisine en titubant. On dirait que le plancher valse, que le plafond est en caoutchouc et que les cadres dansent sur les murs. Ça me rappelle la maison hantée d'une sorcière. Le plancher est rempli de pièges de toutes sortes. J'avance à petits pas. Je regarde attentivement chacune des lattes du plancher. Ce ne sont pas des lattes de bois ordinaires, ce sont des pièges mortels. Si je marche sur cette latte-ci, le plancher pivotera et je me retrouverai

perdue de l'autre côté, dans un labyrinthe de corridors remplis de rats et de fils d'araignées. Si je marche sur celle-là, une partie du plafond va s'écrouler sur moi. Si je marche sur celle-ci, des flèches empoisonnées vont sortir des murs pour me transpercer. Quelle nuit d'horreur! J'entends grand-maman crier :

—Noémie! Que fais-tu?

—Rien! J'arrive! J'arrive!

En évitant tous les pièges, je réussis à me rendre jusqu'à l'entrée de la salle de bain. Elle est à mi-chemin entre la cuisine et le salon. La porte de la salle de bain est fermée. J'essaie de ne rien imaginer. J'essaie... mais je ne peux pas. C'est plus fort que moi. J'entends un curieux petit bruit derrière la porte. Un glouglou comme celui d'une bête plus longue qu'un serpent. Une bête monstrueuse qui serait sortie par l'ouverture de la cuvette et qui boirait dans le lavabo. J'en ai des frissons dans le dos.

—Vite, Noémie! Les croustilles!

J'avance un pied, puis l'autre, et puis soudain, CRAC! Je viens de poser le bout des orteils sur une latte. On dirait que tous les murs en tremblent, exactement comme dans le film où les murs se collent les uns sur les autres pour étouffer leurs victimes. J'appuie mes deux mains sur les murs, et il me semble qu'ils se rapprochent l'un de l'autre. Les cadres vibrent sur leur clou. Lentement, imperceptiblement, les murs se rapprochent pour m'écraser... Je suis trop loin du salon pour revenir en arrière. Je fonce vers la cuisine en courant sur la pointe des orteils pour ne pas déclencher d'autres pièges!

Je m'empare d'une chaise et je la traîne jusque dans le corridor. Là, je la couche par terre et la coince entre les deux murs pour les empêcher de se coller.

Je vais en chercher une autre, et ensuite une autre, et encore une autre. Je coince toutes les chaises entre les deux murs du corridor. Les quatre chaises craquent. Cric! Crac! Cric! Crac! J'espère, j'espère, j'espère qu'elles

vont résister à la pression! Cric! Crac! Cric! Crac!

Et puis, soudain, le silence... On dirait que les murs arrêtent leur marche. YOUPI! Je l'ai échappé belle! Je n'en reviens pas comme je suis intelligente... des fois!

—Noémie, que fais-tu?

—Rien! Rien! J'arrive, grand-maman!

-8-

Dans la cuisine

Je laisse les chaises étendues dans le corridor, au cas où les murs voudraient encore se refermer. Il vaut mieux être prudente! On ne sait jamais...

Je retourne à la cuisine. La grande table, seule en plein milieu de la pièce, ressemble à un monstre à quatre pattes prêt à bondir pour me dévorer. Le réfrigérateur grogne. Il est blanc comme une momie et, là, je préfère ne rien imaginer au sujet des momies parce que des momies, c'est vraiment trop effrayant. Rien qu'à y penser, de grands frissons glacés comme des banquises parcourent mon corps de la tête aux pieds. Clac...clac... clac... je claque des dents, tellement je suis effrayée.

Mes yeux font le tour de la pièce... Je regarde la cuisinière. La porte du four ressemble à une grande bouche qui veut m'avaler. Sur le dessus, il y a une casserole noire. On dirait... On dirait la cuisinière d'une sorcière. Et là, sans le vouloir, je deviens toute chaude. Je sue à grosses gouttes. J'ai aussi chaud que si je cuisais dans une marmite. Alors, je ne sais pas pourquoi, une question traverse mon esprit. J'essaie de chasser cette stupide question, mais elle me revient sans cesse à l'esprit : et si grand-maman Lumbago était elle-même une sorcière?

Mon sang se glace encore une fois dans mes veines. Je

regarde dans la cuisine. Tout y est. Je vois apparaître dans la pénombre le grand balai de grand-maman. Je vois le grand four et le tablier qui pend à la poignée. Je pense à son chat... je pense au petit serin qui est peut-être un corbeau à qui elle a jeté un mauvais sort…

Grand-maman, une sorcière? Alors, si elle était une sorcière, ça veut dire que moi, sa petite-fille, j'en serais une? Non, c'est impossible. Si j'étais une sorcière, il me semble que je le saurais. J'aimerais les balais et... je... je déteste balayer... En plus, je n'ai jamais jeté de sort à personne. J'aime presque tout le monde, sauf ceux qui s'embrassent à la télévision.

En passant devant la fenêtre de la cuisine, j'aperçois un reflet de lumière de l'autre côté des vitres. Mes yeux s'embrouillent. Je suis sur le point de perdre connaissance. Une faible lueur grandit dans le noir. Puis, comme un gros ballon, je vois la pleine lune qui se dégage des nuages. Elle illumine tout le haut du ciel. Exactement comme dans les films. Mon cœur cogne. Quelque chose bouge et vole dans la pénombre. J'aperçois trois sorcières qui volent dans la même direction.

Je reste figée devant la fenêtre. J'ai de la difficulté à avaler ma salive. Je regarde la pleine lune et je suis complètement hypnotisée. Ça y est, je tombe sous son charme. Elle m'ordonne d'ouvrir la porte arrière et de me rendre sur le balcon. Alors, sans réfléchir, comme un zombie, j'obéis à ses ordres.

Dehors, une brise chaude me caresse le visage. J'aperçois les trois sorcières. Elles sont accrochées au bout de la corde à linge! La première sorcière est un grand drap qui sèche au vent, les deux autres sont des tabliers de grand-maman qui ondulent et semblent fouettés par une force invisible. Ouf!

-9-

Le balai magique

Je reprends mon souffle devant la lune qui me regarde avec son gros œil blanc. Elle m'envahit complètement. Elle m'appelle : Noémie... Noémie...

Je pivote sur mes pieds et je retourne à la cuisine. Là, comme une poupée mécanique, je fais trois fois le tour de la pièce dans le sens contraire des aiguilles d'une montre et je m'arrête devant le balai de sorcière. Ma main s'avance. Je m'empare du grand balai et je retourne sur le balcon.

Sous la lumière de la lune, j'examine attentivement le balai.

Il n'y a plus de doute possible. C'est un véritable balai de sorcière. Je ne l'avais jamais remarqué, mais le manche est couvert d'égratignures qui font comme des petites lettres et des petits dessins. À la base du manche, je vois apparaître l'image d'un chat, un chat noir comme celui des sorcières... Alors, ça veut dire que grand-maman Lumbago est une sorcière, et ça veut dire que moi aussi je suis une sorcière. Je ne veux pas le croire... Je ne veux pas le croire...

Donc, si je le voulais, je pourrais chevaucher le balai, monter au-dessus de la maison et m'envoler jusqu'à la lune. En y pensant bien, je suis heureuse de ne pas connaître de formules magiques...

Soudain, sans que je le veuille, des mots étranges surgissent dans ma tête : ABRACADABRA... ABRACADABRA... C'est une formule magique que j'ai déjà entendue dans plusieurs films.

Je ne sais même pas ce qui me prend. Je m'assois sur le manche du balai et je le tiens à deux mains. Je tremble de partout! J'ai chaud et froid! Je me sens petite et grande... Je répète la formule magique : ABRACADABRA... ABRACADABRA...

Il ne se passe absolument rien! Alors, je ferme les yeux et je me concentre au maximum... ABRACADABRA... ABRACADABRA...

Oui, il se passe quelque chose! Le vent se lève et vient tourner autour de moi. J'entends la corde à linge qui siffle.

Et puis, je sens le manche du balai qui frissonne, qui donne des coups à gauche, puis à droite. Je répète :

—ABRACADABRA... ABRACADABRA...

Soudain, le balai donne un coup par devant, un coup par derrière, comme s'il était devenu complètement magique! Je le tiens serré entre mes mains pour l'orienter vers la lune. Je n'en reviens pas. Je vais m'envoler comme une vraie sorcière. Le balai vibre de toutes ses forces pour me soulever. Mais on dirait que je suis trop lourde. Je répète à voix haute :

—ABRACADABRA... ABRACADABRA...

Juste au moment où je crois m'élever dans le ciel, j'entends une voix gronder derrière moi :

—ABRACADABRA... LES... CROUSTILLES...

Mon cœur veut exploser! Je me retourne d'un coup sec! J'aperçois grand-maman. D'une main, elle tient le balai; de l'autre, elle recouvre sa bouche pour ne pas rire. Moi, j'éclate en sanglots :

—Ce n'est pas drôle, grand-maman, vous m'avez fait peur...

Grand-maman me prend dans ses bras. Elle me console :

—Mais voyons donc, Noémie... tu n'as plus le sens de l'humour?

Je ne réponds pas, je me sens trop ridicule... Faire la sorcière en pleine nuit avec un balai... franchement! Je ne suis pas très fière de moi. Grand-maman demande avec un petit sourire dans la voix :

— Que faisais-tu avec mon balai?

— ... Rien...

— Rien comment?

— Je... je voulais balayer le balcon...

— Et pourquoi les quatre chaises coincées dans le corridor?

— ... Pour rien... Je les ai couchées par terre... elles étaient fatiguées...

— Comment ça, mes chaises fatiguées?

— Oui, elles étaient fatiguées d'être assises. Je les ai couchées dans le corridor!

— Là, je ne comprends plus rien, murmure grand-maman.

En me blottissant contre elle, je lui murmure :

— Mais voyons donc, grand-maman, vous n'avez plus le sens de l'humour?

-10-

Le deuxième sac de croustilles

Sur le balcon, grand-maman me dit :

—Bon! Ne restons pas ici... j'ai froid et j'ai faim!

En vitesse, nous rentrons dans la cuisine. Je replace les chaises autour de la table. Grand-maman ouvre la porte de la grande armoire et s'empare d'un sac de croustilles.

Bien emmitouflées sous la douillette, nous regardons la fin du film en mangeant des croustilles.

Je suis certaine qu'ils le font exprès. À la fin des films, c'est toujours pire que pire! Grand-maman et moi, nous avons tellement peur que nous regardons la télé avec les yeux écarquillés et la bouche grande ouverte. Je n'en peux plus! Je ne suis plus capable d'entendre la voix des sorcières Hi! Hi! Hi! et le son du vent qui passe entre les os des squelettes VVV! VVV! VVV! Trop c'est trop! Je me lève d'un bond et je me précipite vers la télévision. Je tourne le bouton pour enlever le son et, tout de suite, le silence s'installe dans la pièce. Grand-maman dit en bâillant :

—Tu as raison... c'est moins épeurant comme ça.

Nous regardons la fin du film dans le silence. Je n'entends que le bruit des croustilles crounch! crounch! et la respiration de grand-maman qui ralentit, qui

ralentit. Je la regarde du coin de l'œil. Elle ferme les paupières de plus en plus souvent. Puis sa tête bascule sur le côté. Après quelques secondes, j'entends un petit ron...ron... Ma belle grand-maman d'amour vient de s'endormir.

Je mange encore quelques croustilles. J'aperçois le générique du film apparaître à l'écran. Fiou! Terminée, la peur, pour ce soir! Vive la vraie vie! Je me colle contre grand-maman qui ronfle. Ron... ron... ron... Je n'ose pas la réveiller.

Mes paupières deviennent plus lourdes que du plomb. Le chat vient se coucher sur mes genoux. Je crois que je vais bientôt m'endormir.

Juste au moment où je commence à m'assoupir, grand-maman sursaute en criant :

— Au secours! À moi!

Je bondis hors de la douillette, et je me retrouve debout en plein milieu du salon, avec le sac de croustilles dans les mains. Grand-maman sursaute encore en criant :

— Non! Non! Non!

Je la regarde et je n'en reviens pas. Les yeux fermés, elle tremble et bouge les bras comme quelqu'un qui se noie. Je suis certaine qu'elle se débat contre des intraterrestres liquides qui veulent s'emparer d'elle. Je ne sais plus quoi faire.

Soudain, elle pousse un hurlement épouvantable, puis elle ouvre les yeux d'un coup sec en demandant :

— Que se passe-t-il? Où suis-je?

— Tout... tout va bien, grand-maman! Tout va bien! Vous

êtes dans votre salon avec moi, Noémie!

—Ouf! J'ai fait un horrible cauchemar. J'étais poursui...

Je me bouche les oreilles. Je ne veux pas connaître son cauchemar. Même en ne voulant rien entendre, je comprends qu'il est question de monstres marins qui voulaient l'emporter au fond de l'eau... Je n'en reviens pas.

Pendant quelques secondes, nous nous regardons sans rien dire, puis nous bâillons et nous nous étirons. Sur l'écran, on nous présente quelques extraits des prochains films d'épouvante. Grand-maman soupire :

—C'est assez pour ce soir!

Elle se lève et éteint la télévision. Clic! Les images de morts-vivants et de vampires disparaissent de l'écran, mais elles ne sont pas sorties de ma tête! Je les vois partout dans la noirceur du salon. Les livres de la bibliothèque se transforment en chauves-souris! Il pousse de longues dents aux portraits sur les murs! Les fleurs de la tapisserie se transforment en plantes vénéneuses!

—Bon... Allons nous coucher! dit grand-maman.

—Heu... d'accord, mais avant d'aller nous coucher... il faudrait faire quelques petites vérifications...

—Quelles vérifications?

—Marchez devant! Je vais vous montrer...

Cachée derrière grand-maman, je lui demande de faire le tour de toutes les pièces de la maison. J'ai l'impression qu'un monstre va surgir derrière chaque armoire, derrière chaque canapé. Nous verrouillons à triple tour les portes et les fenêtres. Moi, je vérifie les robinets de la cuisine et de la salle de bain ainsi que ceux de la douche. Je referme le couvercle du bol de la cuvette et je dépose le panier de linge sale dessus.

—Pourquoi fais-tu ça? demande grand-maman.

—C'est à cause des intraterrestres liquides!

—Des quoi?

—... Ce serait trop long à vous expliquer...

—Il n'y a aucun danger, soupire grand-maman... Tout a été vérifié... Tu n'as pas à t'inquiéter!

En bâillant, et sans nous douter de rien, nous nous dirigeons tranquillement vers la chambre à coucher. Nous ouvrons la porte et, soudain, en regardant le lit, nous sentons le sang se figer dans nos veines!

-11-

Le monstre

Grand-maman et moi sommes complètement paralysées. Un gros monstre dort sur le lit! Nous cessons de respirer! Ce n'est pas croyable! Il est énorme! De toute ma vie, je n'ai jamais vu un monstre comme celui-là. Il a de gros yeux globuleux et un corps tout mou, tout gluant.

Nous sommes complètement figées. Impossible de bouger! J'entends galoper le cœur de grand-maman. J'entends sa respiration qui s'accélère.

Après quelques secondes plus longues que les plus longs

films d'épouvante, nos yeux s'habituent à l'obscurité. Nous épions le monstre endormi et puis... et puis... nous éclatons d'un grand rire nerveux HA! HA! HA! HI! HI! HI! Le monstre a de grands yeux qui ressem-

blent à des oreillers, un corps tout mou, semblable à un paquet de draps froissés.

—Ouf! soupire grand-maman. J'ai vraiment eu peur!

—Moi aussi. Je n'en peux plus d'avoir peur! Je viens de vivre la soirée la plus éprouvante de toute ma vie. Ça n'a pas arrêté une minute et ça continue encore!

Une fois remises de nos émotions, nous replaçons les draps et les oreillers. Nous installons la grande douillette et, sans perdre une minute, nous nous faufilons dans le lit.

—Bonne nuit, ma belle-petite-Noémie-d'amour!

—Bonne nuit, ma belle-petite-grand-maman-d'amour... Promettez-moi que, demain, il ne se passera rien, vraiment rien! J'aimerais me reposer en vivant la journée la plus ennuyante de toute ma vie...

—D'accord, répond-elle en riant. Je te promets que, demain, tu passeras la journée la plus ennuyante de toute ta vie.

Je me blottis contre grand-maman. Après quelques minutes, je lui demande :

—Dormez-vous?

—Non...

—Moi non plus... j'ai trop peur! Je ne serai plus jamais capable de dormir de toute ma vie!

Grand-maman suggère :

—Bon, il faut essayer de penser à autre chose... Nous allons chanter une petite chanson... pour nous endormir.

Et là, dans le noir, grand-maman commence à chanter *Au clair de la lune, mon ami Pierrot ...*

Je chante avec elle, mais les mots sortent tout seuls de ma bouche. Je n'arrête pas de penser à tous ces monstres, sorcières, fantômes, extra et intraterrestres, vampires, morts-vivants, et je me pose une question : comment faire pour les empêcher de nous attaquer pendant notre sommeil?

Grand-maman finit par s'endormir. Elle ronfle. Moi, je reste avec les deux yeux grands ouverts dans le noir. Je pense à mon problème, je songe à plusieurs solutions et, finalement, je trouve la bonne réponse : pour éviter d'être attaquées pendant la nuit, il faut installer un système d'alarme qui nous réveillerait au moindre indice. Oui, mais quoi? Je suis tellement épuisée par cette nuit d'horreur que je ne trouve pas de solution.

Et puis, soudain, une idée s'allume dans ma tête!

Je me lève le plus discrètement possible et je vais chercher le sac de croustilles dans le salon. Tout l'appartement baigne dans le noir et le silence. Je reviens en vitesse dans la chambre. Je vérifie sous le lit et dans la garde-robe. Il n'y a ni monstre, ni vampire! Je ferme la porte de la chambre et j'appuie une grosse chaise derrière, pour que personne ne puisse l'ouvrir.

J'installe mon système d'alarme : je laisse tomber plein de croustilles en les éparpillant sur le plancher autour du lit. Pour vérifier, je pose le pied sur une croustille.

CROUNCH! Excellent! Si un monstre marche dans la chambre, je vais tout de suite l'entendre!

Je fouille dans le sac pour prendre les dernières croustilles et je touche quelque chose du bout des doigts. Je sors un petit carton carré. Encore un coupon-cadeau ! Je m'approche de la fenêtre pour lire ce que je gagne. Je n'en crois pas mes yeux : *Félicitations ! Avec ce coupon, vous gagnez une visite gratuite à la MAISON DES HORREURS !*

Ça ne s'arrêtera donc jamais ?

FIN